VENTE

du Mardi 26 Décembre 1905

HOTEL DROUOT, SALLE N° 11

OBJETS D'ART ET DE VITRINE

ARGENTERIE

du XVIII⁰ Siècle

DIAMANTS -:- BIJOUX

TABLEAUX — DESSINS — MINIATURES

DE L'ÉCOLE FRANÇAISE

TAPISSERIE

Appartenant à M. le Comte de X...

EXEMPLAIRE DE H. STETTINER

M° F. LAIR-DUBREUIL

COMMISSAIRE-PRISEUR

M. Arthur BLOCHE

EXPERT

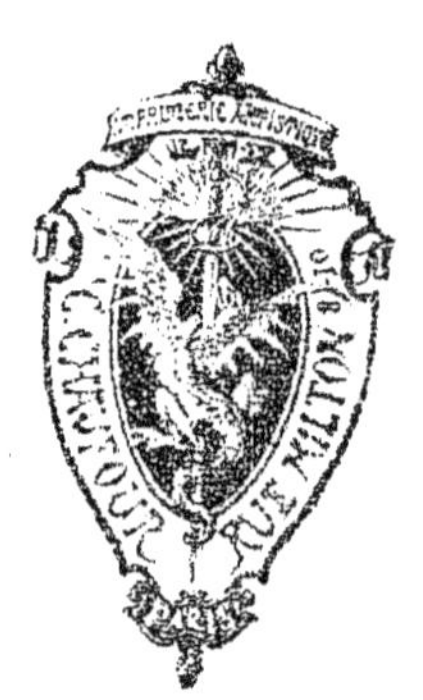
Imprimerie Artistique
G. COURROUX, RUE MILTON 8bis
PARIS

CATALOGUE

DES

OBJETS D'ART ET DE VITRINE

Boite en or émaillé

Nécessaire de dame en agate orientale monté en or

Étuis, Bonbonnières, Couverts

Vases en vieux Saxe, Bronzes, Laques, Matières précieuses

ARGENTERIE

des Epoques Louis XV et Louis XVI

DIAMANTS - BIJOUX

COLLIER - SAUTOIRS - BRACELETS - BAGUES

TABLEAUX - DESSINS - MINIATURES

DE L'ÉCOLE FRANÇAISE

Appartenant à M. le Comte de X...

DONT LA VENTE AURA LIEU

HOTEL DROUOT, SALLE N° 11

Le Mardi 26 Décembre 1905

A 2 HEURES 1/2

Mᶜ **F. LAIR-DUBREUIL** | **M. Arthur BLOCHE**

COMMISSAIRE-PRISEUR | EXPERT PRÈS LA COUR D'APPEL

6, rue de Hanovre, 6 | *51, rue Saint-Georges, 51*

EXPOSITION PUBLIQUE

Le Lundi 25 Décembre 1905 (Jour de Noël)

DE 2 HEURES A 5 HEURES 1/2

CONDITIONS DE LA VENTE

La vente sera faite au comptant

Les acquéreurs paieront *dix pour cent* en sus des enchères

L'Exposition mettant le public à même de se rendre compte de l'état et de la naturedes objets, il ne sera admis aucune réclamation une fois l'adjudication prononcée.

Paris. —Imp. C. Chauforr 9-10, rue Milton

DESIGNATION

OBJETS DE VITRINE

1 — Nécessaire de dame en agate orientale montée
à cage en or à rocailles, poussoir formé d'un
brillant, renfermant à l'intérieur une boîte à
mouches, couteaux, ciseaux, crayon, deux fla-
cons, brosse, dé, etc., en or. Epoque Louis XV.

2 — Boîte ovale en or émaillé bleu clair, dessin
réservé en or gravé avec médaillons sur chaque
face fond vert à trophées allégoriques finement
ciselés. Epoque Louis XVI.

460 3 — Châtelaine avec montre en or émaillé à sujets, d'après GREUZE, XVIIIe siècle. Ecrin en galuchat.

480 4 — Montre en or émaillé en plein offrant des attributs et des chiens de chasse. Epoque Louis XV.

3.000 5 — Boîte ovale en jaspe sanguin enrichi d'un grand bouquet de fleurs et d'un entourage de brillants, griffes en brillants, monture en or. Epoque Louis XVI.

6 — Etui en argent ciselé décor à rocailles et fleurs formant longue vue.

435 7 — Bonbonnière à contours en vieux Saxe décor à vues de parcs et châteaux avec personnages en costumes de l'époque Louis XV.

405 8 — Boîte à deux tabacs en vieux Saxe forme tonnelet oval décor à fleurs, couvercles à scènes de chasses en relief.

100 9 — Petit flacon forme aplatie en vieux Saxe décor à personnages et rehauts d'or.

240   10 — Etui à aiguilles en vieux Saxe décor à fleurs, monture or.

93   11 — Œuf en porcelaine de Saxe, décor volatiles.

145   12 — Béquille tête de canne en ancienne porcelaine de Saxe décor fleurs et rocailles.

265   13 — Miniature ronde : la Bacchante au dieu Pan, signée *Heinsius pinxit*. Epoque Louis XVI, cadre en bronze.

171   14 — Miniature ronde sur ivoire : Jeune femme en corsage gracieusement décolleté, coiffée d'un voile de tulle, parée de perles, xviiie siècle.

120   15 — Miniature représentant la chaste Suzanne et les deux vieillards. Cadre bois sculpté et doré.

410   16-17 — Deux miniatures ovales représentant des pastorales attribuées à F. Boucher. Cadres en bronze doré Louis XVI.

200   18 — Boite de dix-huit couteaux avec manches en vieux Saxe gaufré à fleurs.

140

19 — Boite de deux couverts à dessert composés de trois pièces en vermeil avec manches en ancienne porcelaine de Saxe à guirlandes de fleurs et truité rose.

115

20 — Boite octogonale en aventurine, monture en or. Louis XVI.

600

21 — Six petits dessins, sujets mythologiques attribués à CARESMES, pouvant composer une boite, encadrements en or émaillé blanc.

175

22 — Dix-huit boutons à sujets mythologiques d'après les maîtres du xviiie siècle, peintures en grisaille.

23 — Boite ovale en argent ciselé et gravé.

OBJETS D'ART

24 — Paire de vases en ancienne porcelaine de Saxe, décor à scènes champêtres, montures en bronze doré.

25 — Encrier en laque noir décor volatiles à rehauts d'or, trois godets en vieux Saxe ornés de branchages et de fleurs en bronze et pâte tendre, monté en bronze doré à rocailles. Epoque Louis XV.

26 — Deux flambeaux en bronze ciselé et doré à rocailles Louis XV.

27-28 — Deux bustes : Vierge et Enfant en bronze doré, xviiie siècle; sur socles en marbre.

29 — Deux vases en granit oriental, montés en bronze ciselé et doré, gorge ajourée. Epoque Louis XVI.

3o — Ecritoire en marbre gris avec figurine d'amour assis tenant deux lumières, petits vases formant encrier et poudrière, sonnette en bronze ciselé et doré. Epoque Louis XVI.

3ı — Deux girandoles Louis XV en bronze doré, modèle à rocailles fleuronnées.

3₂ — Deux chenêts en bronze doré : Enfants sur rocailles, beau modèle, attribués à CAFFIÉRI.

33 — Groupe en bronze: Hercule et le lion, belle patine, socle bois noir garni de bronze, xviiie siècle.

34 — Deux petits vases en agate avec anses à serpents en bronze doré. Style Louis XVI.

35 — Chien et sanglier en bronze doré, attribués au xviiie siècle.

ARGENTERIE ANCIENNE

36 — Légumier avec couvercle et plateau en argent finement ciselé, décor rocailles, époque LouisXV.

37 — Grande chocolatière en argent richement décorée de rocailles époque Louis XV.

38 — Chocolatière en argent ciselé et repoussé de l'époque Louis XV.

39 — Deux sucriers ou bonbonnières en argent époque Louis XV.

40 — Aiguière avec bassin en argent décor à guirlandes, époque Louis XVI.

41 — Chocolatière en argent décor à rocailles époque Louis XV.

42 — Huilier en argent ciselé, décor à rocailles. Epoque Louis XV.

DIAMANTS BIJOUX

43 — Collier composé de trente-quatre brillants et de cent quatre-vingt-quinze roses, formant diadème.

44 — Sautoir enrichi de douze brillants et de quatorze perles.

45 — Bracelet souple en brillants et roses.

46 — Bague enrichie d'un brillant et d'ornements en brillants.

47 — Croissant en brillants.

48 — Sautoir tout en brillants.

49 — Broche forme croissant en brillants.

5o — Bracelet tout en brillants.

51 — Bague croisée composée de deux brillants forme poires.

52 — Bague composée d'une perle et de deux brillants forme poires.

53 — Bague composée de trois rubis et de deux brillants.

54 — Bague croisée : Perle et brillant.

55 — Bague enrichie de deux saphirs et de deux brillants.

56 — Bague forme Louis XVI représentant deux cœurs entourés de brillants avec nœud au-dessus.

57 — Bague composée d'une émeraude entourée de brillants.

58 — Trois barrettes en roses et perles.

TABLEAUX, DESSINS

BOUCHER (Attribué à François)

59 — Les Joies maternelles, scène d'intérieur.
Beau dessin.

BOUCHER (Attribué à François)

Co — La petite famille, scène champêtre.
Beau dessin, pendant du précédent.

DESPORTES (Attribué à)

61 — La chasse au sanglier.

62 — La chasse au taureau sauvage.

63 — La chasse aux canards sauvages.

64 — Ane et attributs de pêche et poissons.
Quatre dessus de portes.

ÉCOLE FRANÇAISE

65 — Portrait de jeune femme en corsage bleu décolleté avec fichu blanc cachant un peu la gorge,
coiffée d'un coquet bonnet.

NATTIER (Attribué à)

66 — Mlle de Lafayette éclairée par l'Amour.

Grand et beau tableau.

WATTEAU

67 — Jeune femme en élégants atours vue de dos.

Sanguine, signée à droite.

TAPISSERIE

68 — Tapisserie du xviiie siècle à petits personnages
et animaux dans un beau paysage, avec bordure
à fleurs.

Long. : 4 m. Haut. : 3 m.

69 — Objets omis.

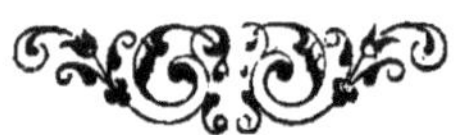